Learn Albanian
For Kids

Albanian Language Book For Developing A Bilingual Child

■ ■ ■ ■ ■ ■ ■ ■ ■ ■ ■ ■ ■ ■ ■ ■ ■ ■

TINY TALKS
PUBLISHING

Dedicated to Samm & Hunter

GREETINGS | PËRSHËNDETJE

Hello
PËRSHËNDETJE

Goodbye
MIRUPAFSHIM

Good Morning
MIRËMËNGJES

Good Night
NATËN E MIRË

Thank You
FALËMINDERIT

Sorry
MË VJEN KEQ

Welcome
MIRËSEVINI

FAMILY | FAMILJE

Father
BABA

Mother
NËNË

Grandfather
GJYSH

Grandmother
GJYSHE

Older Brother
VËLLAI I MADH

Older Sister
MOTËR E MADHE

Baby
BEBE

FAMILY | FAMILJE

Younger Brother
VËLLAI I VOGËL

Younger Sister
MOTËR E VOGËL

Cousin
KUSHËRI/KUSHËRIRË

Uncle
XHAXHAI / DAJA

Aunt
HALLA / TEZJA

Family
FAMILJE

COLORS | NGJYRA

Red
E KUQE

Blue
BLU

Green
JESHILE

Yellow
E VERDHË

Pink
ROZË

Orange
PORTOKALLI

COLORS | NGJYRA

Purple
VJOLLCE

Brown
KAFE

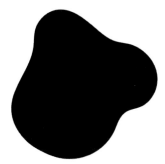

Black
E ZEZË

White
E BARDHË

Gold
ARI

Silver
ARGJEND

SHAPES | FORMA

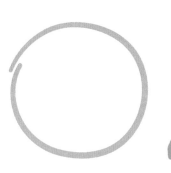

Circle
RRETH

Triangle
TREKËNDSH

Square
KATRORE

Oval
OVALE

Rectangle
DREJTKËNDSH

Diamond
DIAMANT

Heart
ZEMËR

FEELINGS | NDIENJA

Happy
I GËZUAR

Sad
I TRISHTUAR

Angry
I ZEMËRUAR

Excited
I ENTHUSIAZMUAR

Proud
KRENAR

Tired
I LODHUR

Bored
I MËRZITUR

Worried
I SHQETËSUAR

Scared
I FRIKËSUAR

ROUTINE | RUTINA

Wake Up
ZGJOHEM

Brush Teeth
LAJ DHËMBËT

Wash Face
LAJ FYTYRËN

Bathe
LAHEM

Get Dressed
VISHEM

Eat Breakfast
HA MËNGJES

ROUTINE | RUTINA

Go To School
SHKO NË SHKOLLË

Go To Bed
FLE

Eat Dinner
HA DARKË

Study
MËSOJ

FOOD | USHQIME

Bread
BUKË

Milk
QUMËSHT

Egg
VEZË

Cheese
DJATHË

Rice
ORIZ

Water
UJË

Juice
LËNG

Cereal
DRITHËRA

FOOD | USHQIME

Cake
TORTË

Cookie
BISKOTË

Candy
EMBËLSIRË

Meat
MISH

Fish
PESHK

Jelly
REÇEL

Soup
SUPË

Pasta
MAKARONA

FOOD | USHQIME

Ice Cream
AKULLORE

Salt
KRIPIRË

Sugar
SHEQER

Salad
SALLATË

Chocolate
ÇOKOLLATË

Coffee
KAFE

Tea
ÇAJ

VEGETABLES | PERIME

Tomato
DOMATE

Potato
PATATE

Peas
BIZELE

Corn
MISËR

Carrot
KARROTË

Onion
QEPË

FRUIT | FRUTA

Apple
MOLLË

Banana
BANANE

Grape
RRUSH

Lemon
LIMON

Orange
PORTOKALL

Pineapple
ANANAS

Strawberry
LULESHTRYDHE

Watermelon
SHALQI

FACE | FYTYRË

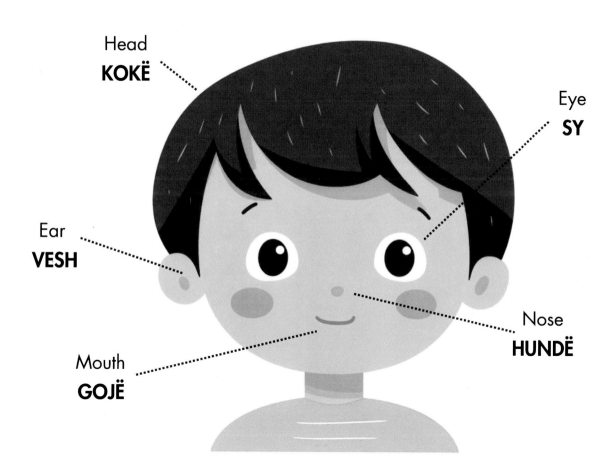

Head
KOKË

Eye
SY

Ear
VESH

Nose
HUNDË

Mouth
GOJË

DESCRIPTIONS | PËRSHKRIME

Cold
I FTOHTË

Hot
I NXEHTË

Big
I MADH

Small
I VOGËL

Wet
I LAGUR

Dry
I THATË

Long
I GJATË

Short
I SHKURTËR

DESCRIPTIONS I
PËRSHKRIME

Empty	Full
BOSH	**I MBUSHUR**

Fast
I SHPEJTË

Light	Heavy
I LEHTË	**I RËNDË**

Old	New
I VJETËR	**I RI**

Soft
I BUTË

Hard
I FORTË

Slow
I NGADALTË

NUMBERS | NUMRA

1
One
NJË

2
Two
DY

3
Three
TRE

4
Four
KATËR

5
Five
PESË

6
Six
GJASHTË

7
Seven
SHTATË

8
Eight
TETË

9
Nine
NËNTË

10
Ten
DHJETË

NUMBERS | NUMRA

Twenty
NJËZET

Thirty
TRIDHJETË

Forty
DYZET

Fifty
PESËDHJETË

Sixty
GJASHTËDHJETË

Seventy
SHTATËDHJETË

Eighty
TETËDHJETË

Ninety
NËNTËDHJETË

One Hundred
NJËQIND

TOYS | LODRA

Toy
LODRA

Ball
TOP

Doll
KUKULL

Teddy
ARUSH

Book
LIBËR

Crayon
LAPSA ME NGJYRA

TOYS | LODRA

Drum
DAULLE

Guitar
KITARË

Slide
RRËSHQITËSE

Sand
RËRË

Bucket
KOVË

Shovel
LOPATË

ACTIONS | VEPRIME

Eat
HA

Drink
PI

Play
LUAJ

Run
VRAPOJ

Walk
EC

Sit
ULEM

Stand
QËNDOJ

Jump
KËRCEJ

ACTIONS | VEPRIME

Dance
VALLEZOJ

Sing
KËNDOJ

Laugh
QESH

Cry
QAJ

Write
SHKRUAJ

Read
LEXOJ

Watch
SHIKOJ

Listen
DËGJOJ

ACTIONS | VEPRIME

Open
HAP

Close
MBYLL

Climb
NGJITEM

Swing
LISHARSE

Catch
KAP

Throw
HIDH

Wash
LAJ

ACTIONS | VEPRIME

Think
MENDOJ

Kiss
PUTH

Draw
VIZATOJ

Hug
PËRQAFOJ

ANIMALS | KAFSHË

Dog
QEN

Cat
MACE

Fish
PESHK

Bird
ZOG

Horse
KALË

Cow
LOPË

Chicken
PULË

Duck
ROSË

ANIMALS | KAFSHË

Sheep
DELE

Pig
DERR

Rabbit
LEPUR

Bear
ARI

Elephant
ELEFANT

Lion
LUAN

Tiger
TIGËR

Monkey
MAJMUN

ANIMALS | KAFSHË

Giraffe
GJIRAFË

Bee
BLETË

Mouse
MI

Frog
BRETËKOSË

Snake
GJARPËR

Turtle
BRESHKË

Penguin
PINGUIN

Zebra
ZEBËR

ANIMALS | KAFSHË

Whale
BALENË

Dolphin
DELFIN

Butterfly
FLUTUR

Spider
MERIMANGË

Owl
BUFI

BODY | TRUP

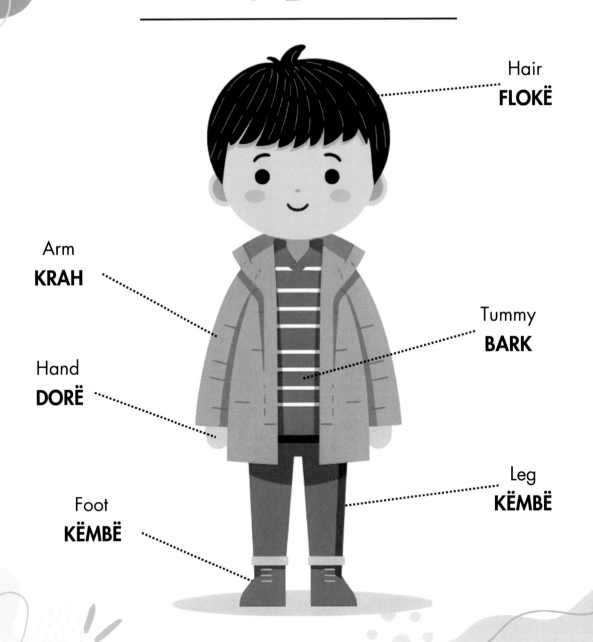

Hair
FLOKË

Arm
KRAH

Tummy
BARK

Hand
DORË

Leg
KËMBË

Foot
KËMBË

DIRECTIONS | DREJTIME

Far
LARG

Up
LART

Right
DJATHTAS

Near
AFËR

Left
MAJTAS

Inside
BRENDA

Down
POSHTË

Outside
JASHTË

HOME | SHTËPI

House
SHTËPI

Door
DERË

Window
DRITARE

Bed
SHTRAT

Chair
KARRIGE

Room
DHOMË

Bathroom
BANJO

Television
TELEVIZOR

HOME | SHTËPI

Sofa
DIVAN

Clock
ORË

Pillow
JASTËK

Blanket
BATANIJË

Bookshelf
RAFT PËR LIBRA

Mirror
PASQYRË

Bath
VASKË

Sink
LAVAMAN

HOME | SHTËPI

Desk
TAVOLINË PUNE

Lamp
LLAMBË

Drawer
SIRTAR

SEASONS | STINËT

Spring
PRANVERË

Summer
VERË

Fall
VJESHTË

Winter
DIMËR

KITCHEN | KUZHINË

Table
TAVOLINË

Kitchen
KUZHINË

Fridge
FRIGORIFER

Oven
FURRË

Pot
TENXHERE

KITCHEN | KUZHINË

Fork
PIRUN

Spoon
LUGË

Knife
THIKË

Bowl
ENË

Cup
FILXHAN

CLOTHES | VESHJE

Shirt
KËMISHË

Pants
PANTALLONA

Dress
FUSTAN

Hat
KAPELË

Socks
ÇORAPE

Shoes
KËPUCË

Coat
PALLTO

Gloves
DOREZA

CLOTHES | VESHJE

Scarf
SHALL

Pajamas
PIZHAME

Skirt
FUND

Boots
ÇIZME

Slippers
PAPUÇE

T-Shirt
BLUZË T-SHIRTI

Shorts
**PANTALLONA
TË SHKURTRA**

Sweater
BLUZË E TRASHË

NATURE | NATYRË

Star
YLL

Sky
QIELL

Rain
SHI

Snow
BORË

Tree
PEMË

Flower
LULE

Leaf
GJETH

Grass
BAR

NATURE | NATYRË

Cloud
RE

Lake
LIQEN

Stone
GUR

River
LUMË

Ocean
OQEAN

Beach
PLAZH

Mountain
MAL

Wind
ERË

Plant
BIMË

PLACES | VENDE

Farm
FERMË

Garden
KOPËSHT

Playground
FUSHË LOJËRASH

Airport
AEROPORT

School
SHKOLLË

PLACES | VENDE

Park
PARK

Road
RRUGË

Bridge
URË

Store
DYQAN

VEHICLES | MJETE TRANSPORTI

Bus
AUTOBUS

Car
MAKINË

Truck
KAMION

Boat
VARKË

Plane
AEROPLAN

Train
TRENI

VEHICLES | MJETE TRANSPORTI

Bicycle
BICIKLETË

Ship
ANIJE

Taxi
TAKSI

Motorcycle
MOTORR

Helicopter
HELIKOPTER

Balloon
BALONË ME AJËR

PROFESSIONS | PROFESIONE

Chef
KUZHINIER

Police
OFICER POLICIE

Firefigher
ZJARRFIKËS

Farmer
FERMER

Artist
ARTIST

Dentist
DENTIST

PROFESSIONS I
PROFESIONE

Doctor
MJEK

Teacher
MËSUES/MËSUESE

Engineer
INXHINIER

Lawyer
AVOKAT

Nurse
INFERMIER/INFERMIERE

TIME | KOHË

Day
DITË

Night
NATË

Morning
MËNGJES

Afternoon
PASDITE

Evening
MBRËMJE

A Special Thank You!

Dear parents,

From the depths of our hearts, we want to extend a heartfelt thank you for choosing our language learning book for your precious little ones.

Witnessing the wonder of discovery in a child's eyes is our greatest reward. If our book has brought joy and enlightenment to your child's learning journey, we have a small request. Please consider leaving a review.

By doing so, you will help inspire other parents to embark on this linguistic adventure with their children.

Together, let's champion the joy of learning and open doors of opportunity for children across the globe.

Warmest wishes,

L.J. Tran

TINY TALKS
PUBLISHING

Made in the USA
Las Vegas, NV
23 March 2024

87646214R00031